महाराष्ट्र के मराठवाड़ा के छोटे से गाँव कड़ोली में 11 अक्तूबर, 1916 की शरद पूर्णिमा की चाँदनी रात में एक विलक्षण बालक का जन्म हुआ, जिसने अभावों में पलकर भी लाखों अभावग्रस्त देशवासियों का जीवन रोशन कर दिया। माता राजाबाई और पिता अमृतराव देशमुख की वे पाँचवीं संतान थे।

दिल बड़ा होने से क्या होता है। हमारे पास परिवार का भरण-पोषण और शिक्षा के लिए भी पर्याप्त आर्थिक साधन नहीं हैं। हम इस बालक को कैसे शिक्षित करेंगे ?
बालक का नाम चंडिकादास अमृतराव होगा। प्यार से इसे 'नाना' बुलाएँगे। यह हमारी मान, प्रतिष्ठा और प्रभाव को बढ़ाएगा, कुल का नाम रोशन करेगा। इसे देखकर लगता है, यह एक आदर्श जीवन स्थापित करेगा। हमारी तरह ही दूसरों की सहायता करनेवाला विशाल हृदयवाला होगा।

नाना दो वर्ष के ही हुए थे कि—
घर में आए मेहमानों को खिलाने के लिए कुछ भी नहीं है। मैं कैसी अन्नपूर्णा हूँ? घर आए मेहमानों का मैं आतिथ्य भी नहीं कर सकती? मेरा जीना व्यर्थ है।
आर्थिक अभावों से जूझते हुए राजाबाई इस संसार को अलविदा कह गईं।

कुछ समय पश्चात् पिता की भी मृत्यु होने के कारण नाना माता-पिता की छत्रच्छाया से वंचित हो गए।
नाना की बड़ी बहन बायडाबाई नांदेड़ में उन्हें अपने ससुराल ले आई। यहाँ न स्कूल था, न शिक्षक। नाना बड़े हो रहे थे और शिक्षा शुरू तक न हो पाई थी।
नाना, चल मेरे साथ पत्ते खेलेगा।
सारा दिन तुम्हारे साथ खेलता ही तो हूँ।

दूसरी बड़ी बहन लक्ष्मीबाई के पति का स्थानांतरण रिसोड़ हुआ। वे एक प्राथमिक विद्यालय में अध्यापक थे।

लक्ष्मीबाई के पति दत्तोपंत घर पर भी नाना को पढ़ाया करते थे।

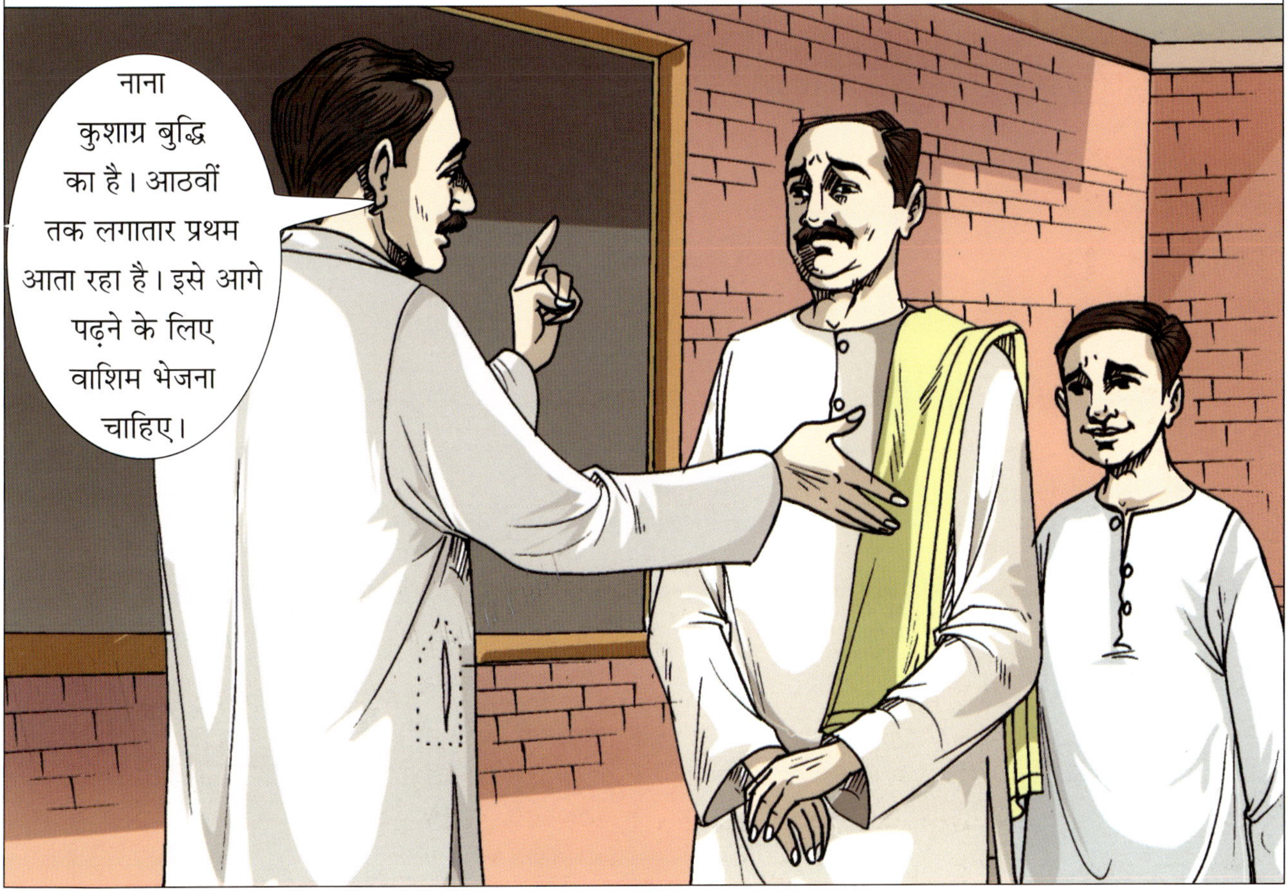

नाना कुशाग्र बुद्धि का है। आठवीं तक लगातार प्रथम आता रहा है। इसे आगे पढ़ने के लिए वाशिम भेजना चाहिए।

नियति उनके जीवन की दिशा तय करने लगी। वाशिम में वे 'राष्ट्रीय स्वयंसेवक संघ' से जुड़ गए। उनमें राष्ट्रसेवा का भाव जाग चुका था।
भाईचारे की भावना का संचार और छुआछूत की भावना को मिटाकर ही हमारा भारत आजाद कहला सकता है।
एक बार राष्ट्रीय स्वयंसेवक संघ के संस्थापक डॉ. हेडगेवार वाशिम आए।
आज यहाँ 17 स्वयंसेवक संघ की प्रतिज्ञा लेंगे। नाना, तुम्हारी प्रतिभा और राष्ट्र के प्रति समर्पण देखकर तुम्हें भी इनमें शामिल किया गया है।

अब प्रश्न मैट्रिक की पढ़ाई का था। बाहर जाकर पढ़ने के लिए साधन नहीं थे। नाना एक पाठक परिवार के साथ रहते थे। वह परिवार भी मध्यम वर्गीय था। उसी परिवार के आबाजी और नानाजी ने एक योजना बनाई।
नाना, हम-तुम आगे की पढ़ाई के लिए धन एकत्र कर सकते हैं, समय चाहे जितना लग जाए।
आबा, हम शहर से फल, सब्जी और घरेलू सामान उठाकर और थोड़ा मुनाफा लेकर संपन्न परिवारों को बेच सकते हैं।

दो साल बाद नाना आबा सहित अन्य दो मित्रों के साथ राजस्थान के पिलानी बिड़ला कॉलेज पहुँच गए। नाना की जन्मजात प्रतिभा का प्रभाव यहाँ भी दिखने लगा। पढ़ाई के साथ-साथ संघकार्य को आगे बढ़ाने की भी मन में ठान ली। उसके लिए कड़ी मेहनत करने लगे।
यह देखो, 18 रुपए की जापानी साइकिल। अब इस पर घूम-घूमकर संघ का कार्य करेंगे।
अरे नाना, सभी प्रतियोगिताओं में पुरस्कार पाकर तुमने धन एकत्र करने का क्या नायाब उपाय खोजा है।
भाई, चित्रकला हो या अभिनय, भाषण हो या कबड्डी, हर जगह नाना-ही-नाना!

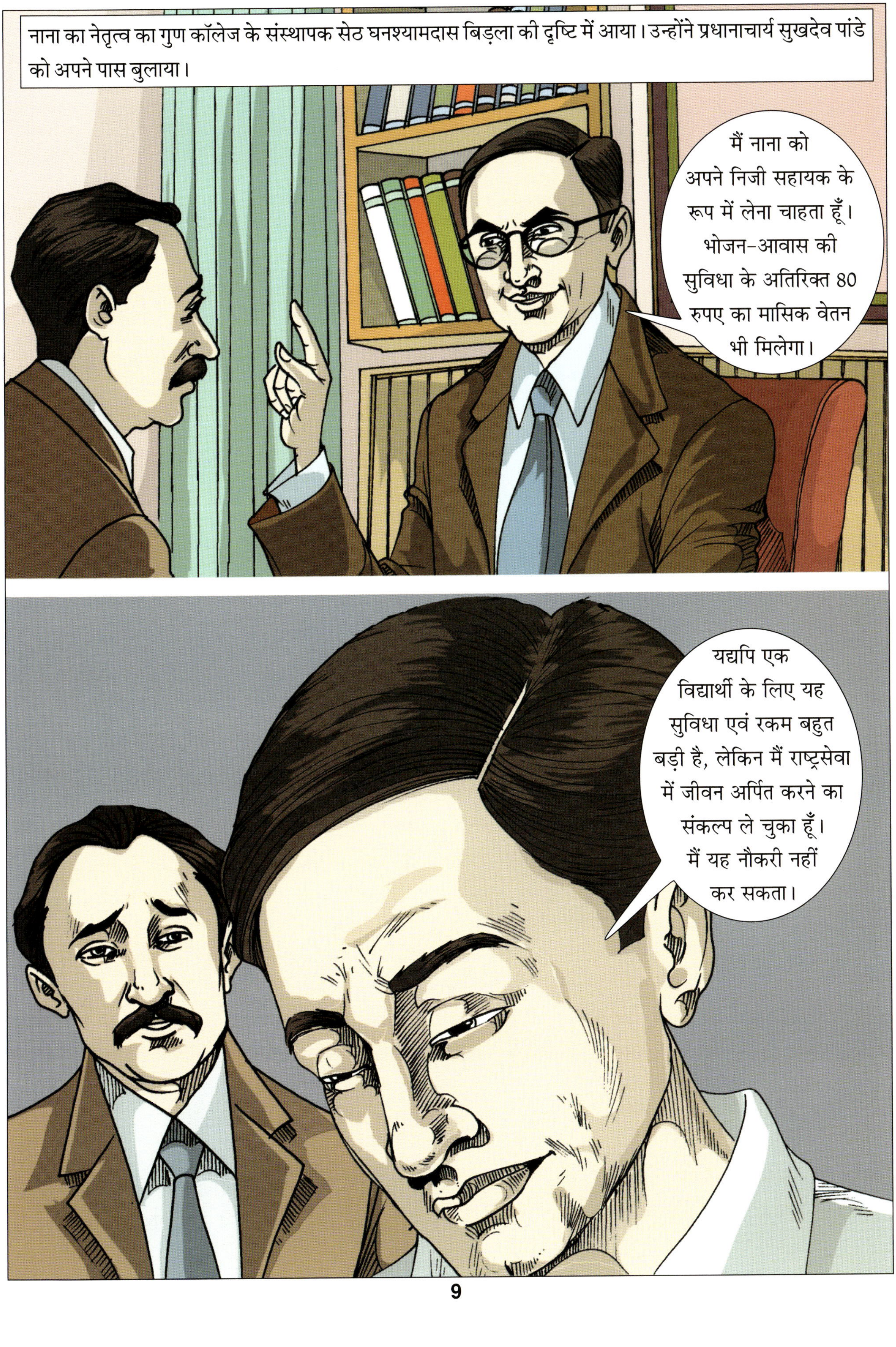

यद्यपि एक विद्यार्थी के लिए यह सुविधा एवं रकम बहुत बड़ी है, लेकिन मैं राष्ट्रसेवा में जीवन अर्पित करने का संकल्प ले चुका हूँ। मैं यह नौकरी नहीं कर सकता।

नाना 1940 में नागपुर आए तो यहाँ डॉ. हेडगेवार को बीमारी से जूझते और अंततः खुद को उनकी चिता के सामने पाया।
मैं प्रण करता हूँ कि अब से मेरा पल-पल केवल राष्ट्रसेवा में बीतेगा।

दीनदयालजी, आपकी आदर्शवादी प्रकृति, सरल स्वभाव और बौद्धिक क्षमता मेरे लिए प्रेरणादायी है।
नाना, संघकार्य के विस्तार में अपनी क्षमताओं को लगाकर हमें राष्ट्र-निर्माण का ध्येय प्राप्त करना है।

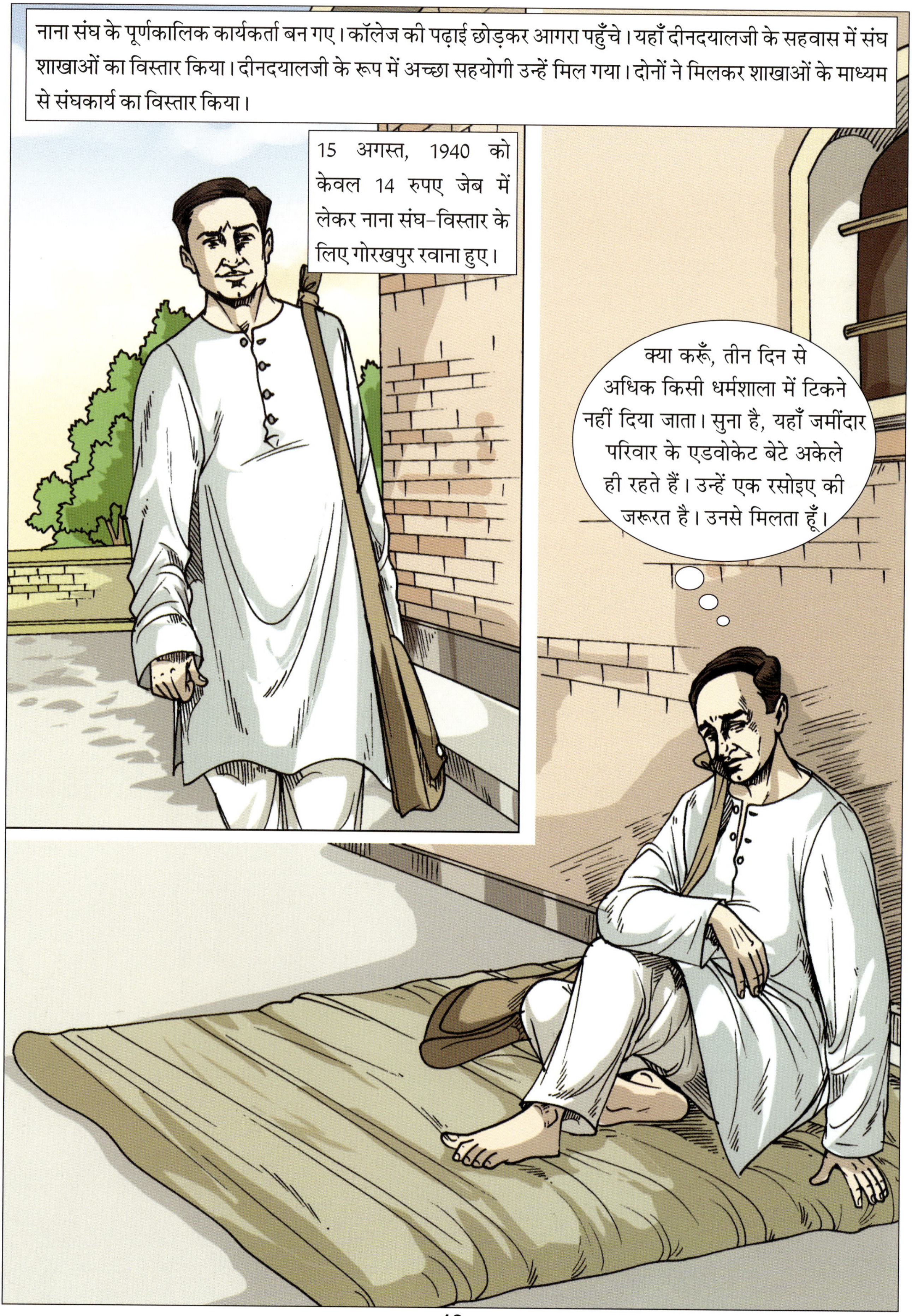

नाना संघ के पूर्णकालिक कार्यकर्ता बन गए। कॉलेज की पढ़ाई छोड़कर आगरा पहुँचे। यहाँ दीनदयालजी के सहवास में संघ शाखाओं का विस्तार किया। दीनदयालजी के रूप में अच्छा सहयोगी उन्हें मिल गया। दोनों ने मिलकर शाखाओं के माध्यम से संघकार्य का विस्तार किया।

15 अगस्त, 1940 को केवल 14 रुपए जेब में लेकर नाना संघ-विस्तार के लिए गोरखपुर रवाना हुए।

आपको खाना बनानेवाले की जरूरत है और मुझे आश्रय की। यदि आप मुझे अपने यहाँ रख लें तो बड़ी कृपा होगी।
अरे वाह! आप खुशी से रहिए।
उन्होंने संघकार्य के लिए संपर्क योजना पर विचार किया।
डी.ए.वी. इंटर कॉलेज खेल का मैदान।
एक हॉकी स्टिक और फुटबॉल का प्रबंध करो, हम भी तुम्हारे साथ खेलना चाहते हैं।

आप फुटबॉल और
हॉकी बहुत अच्छा
खेलते हैं।
हम एक टीम के रूप
में देशसेवा के कार्यों में भी
सफलता पा सकते हैं। मैं इस
टीम को संघ की शाखा के रूप
में देखना चाहता हूँ।
हम तैयार हैं।

चलो, एक रचनात्मक कार्य की शुरुआत करते हैं—
प्रचारक जीवन कष्टप्रद था। कभी-कभी चने खाकर और पानी पीकर ही भूख मिटानी पड़ती थी। ऊलीनगर में उन्होंने एक पुरानी जर्जर और निर्जन कोठी को अपना निवास बनाया।

आजादी हमेशा ऊपर से नीचे की ओर आई है। जब तक हमारे देश के गाँव अशिक्षा, छुआछूत और जाति-पाँति की भावना से ऊपर नहीं उठ जाते, तब तक सभी देशवासी आजादी का अर्थ नहीं समझ सकते।

नाना संघ अधिकारी भाऊराव देवरस से मिले।
भारतीय संस्कारों के आधार पर शिशुओं की शिक्षा के प्रसार के लिए मैंने 'शिशु मंदिर' चलाने की योजना तैयार की है। यह देशभर में गैर-सरकारी शिक्षा आंदोलन का रूप ले सकता है।

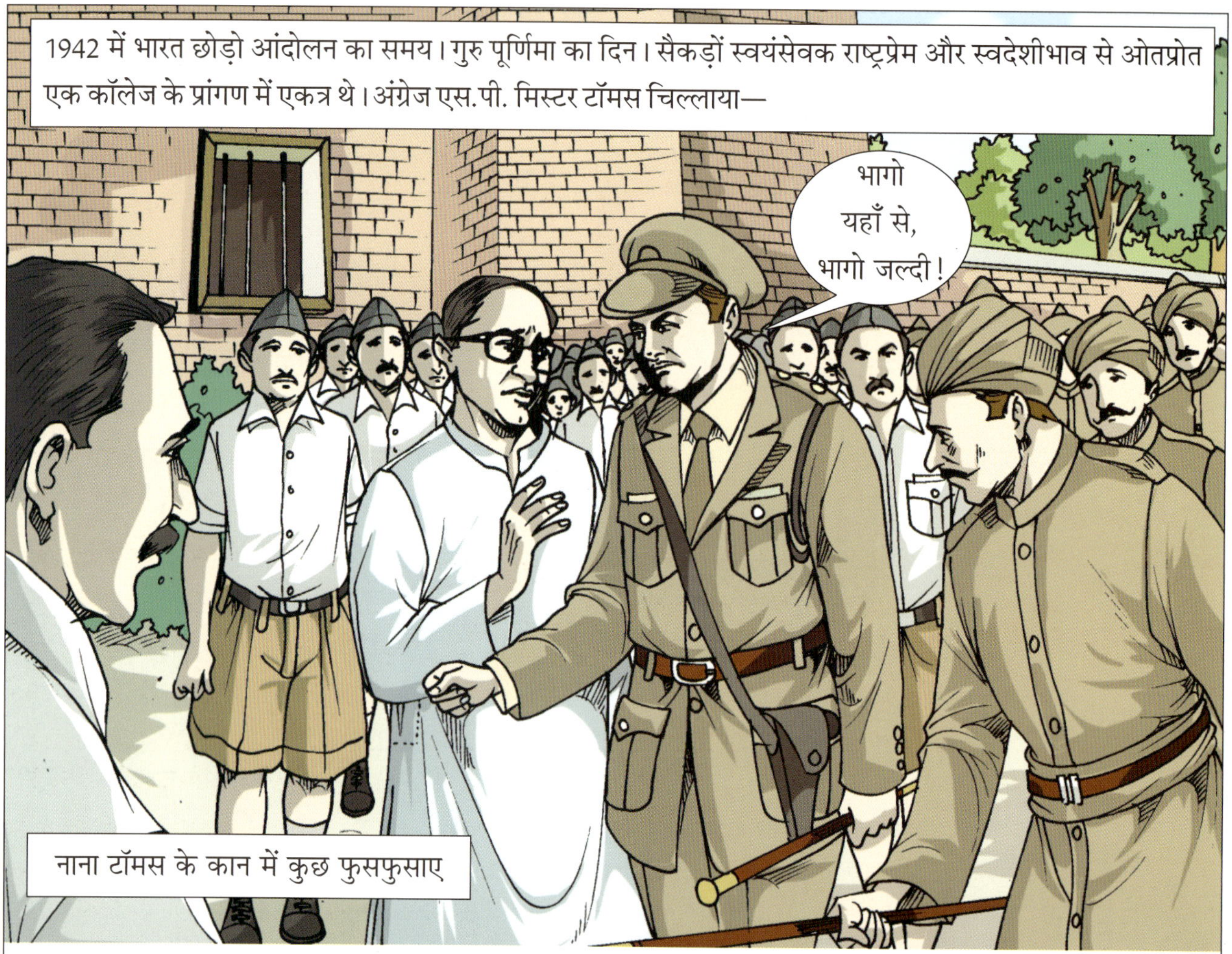

1942 में भारत छोड़ो आंदोलन का समय। गुरु पूर्णिमा का दिन। सैकड़ों स्वयंसेवक राष्ट्रप्रेम और स्वदेशीभाव से ओतप्रोत एक कॉलेज के प्रांगण में एकत्र थे। अंग्रेज एस.पी. मिस्टर टॉमस चिल्लाया—

भागो यहाँ से, भागो जल्दी!

नाना टॉमस के कान में कुछ फुसफुसाए

1948 में गांधीजी की हत्या के बाद सरकार ने मिथ्या आरोप लगाकर हजारों स्वयंसेवकों को गिरफ्तार किया। नाना भी जेल गए।

जेल में नेशनल गार्ड के नेता मोइनुद्दीन से उनकी दोस्ती हुई। नेशनल कांग्रेस के नेता रफी अहमद किदवई मोइनुद्दीन से मिलने आते थे। वे भी नाना के मित्र बन गए। नाना अलग-अलग विचारधारा के लोगों को भी अपनी ओर आकर्षित कर लेते थे।

तुम्हारे साथ-साथ किदवई साहब हमें भी खाना भेज देते हैं।

छह महीने बाद जेल से बाहर आने पर।
दीनदयालजी तथा अटल बिहारी वाजपेयीजी के साथ 'राष्ट्रधर्म' मासिक और 'पाञ्चजन्य' साप्ताहिक चलाने का सौभाग्य प्राप्त हुआ है। यह क्षेत्र नया है, किंतु मैं जी-जान लगा दूँगा। साथ ही 'स्वदेश' दैनिक के प्रकाशन का भी काम सँभालना है।

नाना, नई चीजों को
सीखने और कार्य-संचालन का
गुण आपको प्रकृति से वरदान
के रूप में मिला है।

अब बिल्कुल नया क्षेत्र उनका इंतजार कर रहा था। डॉ. श्यामा प्रसाद मुखर्जी के साथ भारतीय राजनीति में पदार्पण। नानाजी को जनसंघ का संगठन खड़ा करने का दायित्व सौंपा गया। वे समाजवादी नेता राम मनोहर लोहिया से मिले।

नानाजी के प्रयासों से कई राज्यों में गैर-कांग्रेसी दलों ने चुनाव जीता और सरकारें बनाईं।
नाना तो राजनीति के चाणक्य हैं।
मैंने राजनीति में प्रवेश अपने लिए नहीं, राष्ट्र-निर्माण के लक्ष्य को पाने के लिए किया है।

सन् 1975 में लगे आपातकाल के दौरान नानाजी भूमिगत थे। उनको गिरफ्तार करने के लिए पुलिस लगी हुई थी। वे छिपकर आपातकाल के खिलाफ देशव्यापी आंदोलन की व्यूह रचना कर रहे थे।

आपातकाल सीधे तरीके
से खत्म नहीं होगा। हमको देशव्यापी
उग्र क्रांतिकारी आंदोलन का ही
वरण करना होगा।
हम आपका यह संदेश
देश भर में पहुँचा देंगे।

आपातकाल विरोधी आंदोलन के नेता जयप्रकाश नारायण को एक बड़ी शारीरिक क्षति से उन्होंने बचाया। पटना में छात्र आंदोलन को जयप्रकाशजी संबोधित कर रहे थे।
ओह ! सिपाही लाठियाँ बरसा रहे हैं। यह क्या, नानाजी तो खुद लाठियाँ खाकर जे.पी. को बचा रहे हैं।

1977 में आपातकाल हट गया। चुनावों की घोषणा हुई। नानाजी को बलरामपुर क्षेत्र से प्रत्याशी बनाया गया।
भाइयो और बहनो, मेरे खिलाफ कांग्रेस ने आपकी महारानी को उम्मीदवार बनाया है। क्या आप अपनी रानी को इंदिरा गांधी की दासी बनाना चाहते हैं?
नहीं-नहीं!
नहीं-नहीं!
हर्गिज नहीं!
TAYAL

नानाजी भारी मतों से विजयी हुए। उन्हें मंत्रीपद देने की बात हुई, पर उन्होंने प्रस्ताव ठुकरा दिया। उनका मन राजनीति से दूर ग्रामों के विकास की ओर खिंचा जा रहा था। इस बीच उन्होंने दीनदयाल शोध संस्थान की स्थापना की।
नियति के क्रूर हाथों ने दीनदयालजी को हमसे छीन लिया, लेकिन उनके अंत्योदय का सपना दीनदयाल शोध संस्थान पूरा करेगा।

दीनदयालजी के एकात्म मानव दर्शन
को साकार रूप देने के लिए मुझे समाज में विकास के नमूने
तैयार करने होंगे। समाज में फैली दरिद्रता, निर्धनता को
देखकर मेरा मन व्यथित हो जाता है।

नानाजी ने राजनीति से संन्यास लेकर गाँव के विकास की शपथ ली। जो भारतीय राजनीति में एक अनूठा उदाहरण था।
साठ साल से ऊपर के अनुभवी राजनीतिज्ञों को सत्ता से अलग होकर समाज के लिए रचनात्मक कार्यों में लग जाना चाहिए।
उन्होंने अपनी कर्मभूमि गोंडा में ग्राम-विकास की प्रयोगशाला शुरू की। उपलब्ध स्थानीय संसाधनों से सर्वांगीण ग्राम-विकास का कार्य शुरू किया।

एक दिन एक गाँव में—
आप बेकार गाँव-गाँव घूमकर परेशान हो रहे हैं। जिन्हें भगवान ने ही कंगाल बनाया है, उन्हें क्या इनसान खुशहाल बना सकता है?
बाबा, मैं यहाँ एक अचरज देख रहा हूँ कि कैसे सूखी धरती भी हरी-भरी हो सकती है। गाँव वाले खुद ही यह कमाल करेंगे।
यहाँ खेती की सिंचाई के लिए बाँस से बने बेहद सस्ते 20,000 हैंडपंप लगाए जाएँगे।

नानाजी ने
बंजर भूमि को हरा-भरा बना
दिया। युवाओं के लिए रोजगार
के कितने अवसर पैदा कर
दिए।
भारत के तत्कालीन राष्ट्रपति नीलम संजीव रेड्डी गोंडा पहुँचे।
मैं यहाँ गाँववालों
के साथ पंक्ति में बैठकर
भोजन करूँगा। गाँव-विकास
की यह तसवीर देश के लिए
एक उदाहरण है।
नानाजी ने देश के विभिन्न भागों में वहाँ की आवश्यकताओं के अनुरूप नए-नए प्रकल्पों की रचना की।

टूटी-फूटी चीजों से भी काम की वस्तुएँ बनाई जा सकती हैं।
गोंडा
जयप्रभा ग्राम, रामनाथ आरोग्यधाम, कृषि विज्ञान केंद्र, जन शिक्षण संस्थान, चिन्मय विद्यालय, जय हनुमान छात्रावास, मोबाइल एंबुलेंस
नागपुर
निर्धन और पिछड़ी बस्तियों के बच्चों को विकास प्रक्रिया का अंग बनाने के लिए 'बाल जगत प्रकल्प'
मराठवाड़ा
जल संचय, कृषि विकास, गुरुकुल आदि प्रकल्प
चित्रकूट
समाज शिल्पी दंपती परियोजना, स्वावलंबन अभियान, आरोग्यधाम, कृषि विज्ञान केंद्र, उद्यमिता विद्यापीठ, ग्रामोदय विश्वविद्यालय, रामदर्शन, गोवंश विकास एवं अनुसंधान केंद्र, सुरेंद्रपाल ग्रामोदय विद्यालय।

मराठवाड़ा के बीड़ क्षेत्र में साल भर पानी का अभाव रहता था।
मेरे युवा साथियो, हमें अपने परिश्रम से यहाँ बरसात का पानी इकट्ठा करने के लिए तालाब का निर्माण करना है।
हम अपनी जलाभाव की समस्या का हल खुद करेंगे।
युवा-शक्ति जिंदाबाद!
अब यहाँ भी हरे-भरे पेड़ होंगे।

भगवान् राम की पवित्र स्थली चित्रकूट पहाड़ों, बीहड़ों और सूखे से ग्रस्त थी। नानाजी ने वहाँ विकास कार्यों से 500 गाँवों का सफलतापूर्वक कायाकल्प कर दिया।
नानाजी ने यहाँ शिक्षा, स्वास्थ्य और रोजगार के प्रकल्पों से हजारों लोगों का जीवन बदल दिया है।
आरोग्यधाम जाओ और आजीवन स्वास्थ्य का मंत्र पाओ।
दादी माँ के बटुए में हैं सभी रोगों की दवाइयाँ, वो भी मुफ्त।
भइया सुरेंद्रपाल, ग्रामोदय विद्यालय ने तो गाँवों के बच्चों की शिक्षा की चिंता ही खत्म कर दी। उनके लिए छात्रावास की सुविधा शहरों में मिलनेवाली सुविधा से कम नहीं।
और अब हम शहर वालों को भी सामान बेचेंगे।
उद्यमिता विद्यापीठ ने हमें अपने पैरों पर खड़ा होना सिखा दिया है। अब हम क्यों जाएँ किसी से नौकरी माँगने? गाँव में मिलनेवाली चीजों से ही अपना उद्योग लगाएँगे।

चित्रकूट के बीहड़ों में तब डाकुओं का राज था। एक बार नानाजी के कार्यकर्ता का डाकुओं ने अपहरण कर लिया।
फिरौती मिलेगी, तभी हम तुम्हें छोड़ेंगे।
मैं नानाजी देशमुख के प्रकल्पों में कार्य करता हूँ। हम तो स्वयं गरीबों के लिए काम करते हैं, फिरौती कहाँ से देंगे!
ओह! नानाजी के बारे में हमने भी बहुत सुना है। इसे बंदी बनाकर हमसे गलती हुई।
नानाजी की प्रेरणा से डाकुओं ने आत्मसमर्पण किया। गाँवों में चल रहे विकास कार्यों का उन्हें भी लाभ हुआ।

तत्कालीन प्रधानमंत्री अटल बिहारी वाजपेयी चित्रकूट पधारे।
भारत बदल रहा है, लेकिन जो लोग यह संदेह करते हैं कि देश आगे नहीं बढ़ रहा है, मैं उनसे कहूँगा, एक बार चित्रकूट जाकर देखें।
नानाजी को देश-विदेश से अनेक सम्मान प्राप्त हुए। 1999 में उन्हें 'पद्म विभूषण' से सम्मानित किया गया।

2005 में तत्कालीन राष्ट्रपति डॉ. अब्दुल कलाम चित्रकूट आए। उसके बाद डॉ. कलाम जहाँ जाते, चित्रकूट में चल रहे ग्राम–विकास के कार्यों की प्रशंसा करते।
नानाजी एक ऐसे समाज–प्रेरक हैं, जिन्होंने देश के असंख्य दीन–दुखियों के चेहरे पर मुसकराहट लाने में सफलता पाई है।

नानाजी युवाओं को देश के युगानुकूल विकास का उपकरण मानते थे। उन्होंने युवाओं के नाम पत्रों की शृंखला लिखी।
मेरे युवा मित्रो,
आपको देश में शून्य बेरोजगारी, शून्य गरीबी, शून्य कुपोषण, शून्य मुकदमेबाजी और साफ-सुथरे हरे-भरे गाँवों के सपने को सच करके दिखाना है।

प्रिय युवा बंधुओ और बहनो, भारत संसार में सबसे बड़ा लोकतांत्रिक देश है। लोकतंत्र में समाज के सभी लोगों को स्वतंत्रता की अनुभूति होनी चाहिए। सभी नागरिकों में देश का उज्ज्वल भविष्य निर्माण करने की चिंता होनी चाहिए।

जीवनपर्यंत नानाजी बिना थके राष्ट्र की सेवा में तो लगे ही रहे, उनकी तीव्र इच्छा थी कि मृत्यु के बाद उनकी देह का उपयोग दूसरों के हित के लिए हो। 81वें साल में उन्होंने अपनी अंतिम वसीयत में लिखा— "मेरे अंतिम श्वास लेने पर मेरी देह को शोध कार्य के लिए एम्स (दिल्ली स्थित अखिल भारतीय आयुर्विज्ञान संस्थान) को सौंप दिया जाए।"

नानाजी 94 वर्ष की आयु तक लगातार ग्राम-उत्थान के कार्यों में लगे रहे। 27 फरवरी, 2010 को उन्होंने अपनी कर्मभूमि चित्रकूट में अंतिम साँस ली। उनका जीवन-चरित्र एक राष्ट्रऋषि के रूप में असंख्य कार्यकर्ताओं और नेताओं के हृदय में अंकित है। ऐसे विचारक, प्रचारक, विस्तारक, युगद्रष्टा, जिनका ध्येय वाक्य था—

'मैं अपने लिए नहीं, अपनों के लिए हूँ,
अपने वे हैं, जो पीड़ित एवं उपेक्षित हैं।'

को शत-शत नमन!